Açaí e Seca (Djavan) © Luanda Edições Musicais Ltda.
Todos os direitos reservados

Açaí + Seca — Livro Djavan e Daniel Kondo
Copyright © 2024

Copyright © 2024, Editora WMF Martins Fontes Ltda.
São Paulo, para a presente edição.
1ª edição 2024

Curador da coleção Letrailustre
Daniel Kondo

Coordenadora editorial
Vanessa Gonçalves

Revisores
Marise Simões Leal e Diogo Medeiros

Designers
Daniel Kondo e Adriana Fernandes

Produtor gráfico
Geraldo Alves

Dados Internacionais de Catalogação na Publicação (CIP)
(Câmara Brasileira do Livro, SP, Brasil)

Djavan
  Açaí + Seca / Djavan ; [ilustração] Daniel Kondo.
-- 1. ed. -- São Paulo : Editora WMF Martins Fontes,
2024. -- (Coleção letrailustre • 2)

ISBN 978-85-469-0605-5

1. Compositores - Brasil 2. Djavan, 1949-
3. Música - Letras 4. Música popular - Brasil
I. Kondo, Daniel. II. Título. III. Série.

24-205756   CDD-781.630981

Índices para catálogo sistemático:
1. Letra e música : Música popular brasileira 781.630981
Cibele Maria Dias - Bibliotecária - CRB-8/9427

seca

djavan + daniel kondo

coleção letrailustre • 2

wmf **martinsfontes**

Décimo segundo disco da carreira de Djavan, *Malásia*, lançado em 1996, é um álbum de novas cores e possibilidades, em que o artista inclusive se abre à prática do cover de obras alheias ("Coração leviano", "Sorri" e "Correnteza"). Tem-se aqui outro ponto de inflexão em sua trajetória: junto com *Novena* (1994), molda a maturidade plena de sua música. "Nem um dia" entrou para o cancioneiro geral brasileiro, porém o disco guarda outras pepitas hoje menos relembradas, como é o caso de "Seca".

> A terra se quebrando toda
> A fome que humilha a todos
> Vida se alimenta de dor
> Que pobre povo sem socorro!
>
> Por que será que Deus pôs ali
> O ser pra ser assim
> Sofredor?
> Sob a brasa do sol padecer
> Do desdém do poder
> Fingido
>
> Sem saber o que é ser feliz
> Viver, como se diz:
> Dá medo
> Apesar de se ter céu azul
> O mesmo lá do sul
> Mesmo Deus

Se Djavan é mais conhecido por inúmeros hinos de amor e por suas improváveis paisagens subjetivas, esta canção busca um caminho inusitado: tem por mote a desolação concreta da seca que assola várias partes do Brasil, sobretudo no nordeste e no centro-oeste, mas também nos charcos do Pantanal e até na imensa hidrografia amazônica. É o que se canta nesse jazz-lamento de sanfona.

A força desta canção vem, então, de ser direta. O que não significa que não tenha uma série de efeitos. Três estrofes criam uma dinâmica inesperada: só a primeira funciona como verso, e as duas últimas como refrão.

Na primeira, temos a cena, a terra rachada, a fome humilhante, a dor, o abandono das forças políticas. A gama da rima já dá indícios de sua metamorfose: "toda/todos/dor/socorro", de modo que tudo se aproxima, mas nunca se iguala.

Quando começa o refrão, vem a pergunta revoltada com a situação: "Por que será que Deus pôs ali / O ser pra ser assim / Sofredor?". O questionamento, que poderia parecer ingênuo, é a indagação crucial da fé: como pode um Deus conceber um mundo prenhe de dor? Porém ele é feito numa trama sonora de 'e', 'o/u', 's' e 'r', que enlaça o Criador e a criatura, até chegar em "Sofredor", o cerne do inaceitável. À pergunta sobre Deus se segue o descaso da política, com mais três versos sob a mesma tensão sonora: "Sob a brasa do sol padecer / Do desdém do poder / Fingido". É impossível não perceber a duplicação do "sol" no "sob", nem do "ser" no "padecer"; o que se soma mesmo é o desdém e o fingimento dos poderes oficiais diante de uma dor que se repete todos os anos.

O restante do refrão prossegue com a pergunta, aprofundando-a: "Sem saber o que é ser feliz / Viver, como se diz: / Dá medo". A própria vida assusta, porque não é feita apenas de alegrias, e isso se torna uma violência extrema quando o mundo concreto praticamente não dá chances às pessoas de saber o que é ser feliz. A isso se soma a constatação mais cruel, que encerra a canção: "Apesar de se ter céu azul / O mesmo lá do sul". O céu azul costuma estar associado à beleza dos dias claros, contudo, na seca, é quando o ser mais pena esperando as nuvens carregadas de chuva que permitam o florescimento de nova vida, de plantas, bichos e gente.

Um mesmo céu não é um mesmo sentido, e o que fazer, então, com um mesmo Deus que presida o mesmo céu em lugares distintos, com efeitos tão destrutivamente diversos? "Seca" não nos dá resposta. Antes parte da constatação do mundo para começar seu mergulho numa subjetividade que se desdobra entre os homens e a divindade, fazendo dessa falta de resposta o sentido mesmo de sua angústia.

Daniel Kondo, neste canto avesso, feito de dor e secura, ao ilustrar a letra, optou pelas asperezas das quadraturas, que podem a um só tempo sugerir o solo rachado pela seca e as simetrias obscuras do mistério divino. Aqui, quem olhar com calma encontrará, incrustados nesse chão doído, mãos que clamam por Deus, dentes cerrados num gemido, espectros modulares e celestes etc., tudo em tensionamento contínuo.

Diante da falta, aqui concisa na falta de água, como podemos retornar para pensar a abundância de outras terras? Talvez um caminho seja mergulhar nas paisagens interiores da fartura aflita, como em "Açaí". Aliás, a precisão deste livro duplo está justamente no seu ônfalo, seu umbigo donde tudo emana: o sonho ilustrativo e cancioneiro de encontrar uma quadratura do círculo. Ou, em outras palavras: o lugar sutil onde a alegria dá o sentido da dor, onde o universo coletivo constrói o subjetivo, e vice-versa.

Guilherme Gontijo Flores

Por que será que Deus pôs ali

Sob a brasa do sol

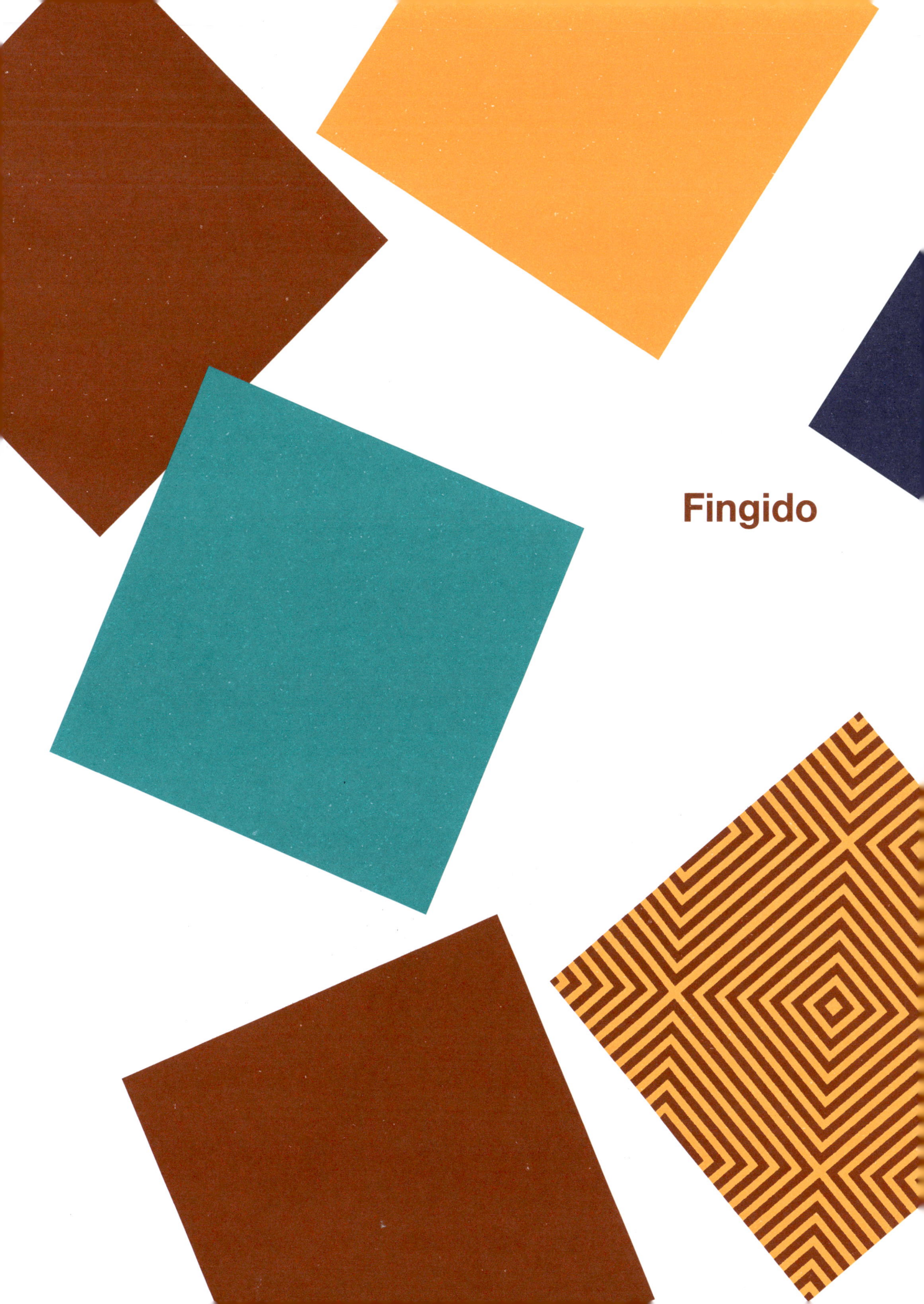
Fingido

Mesmo Deus

Branca é a tez da manhã

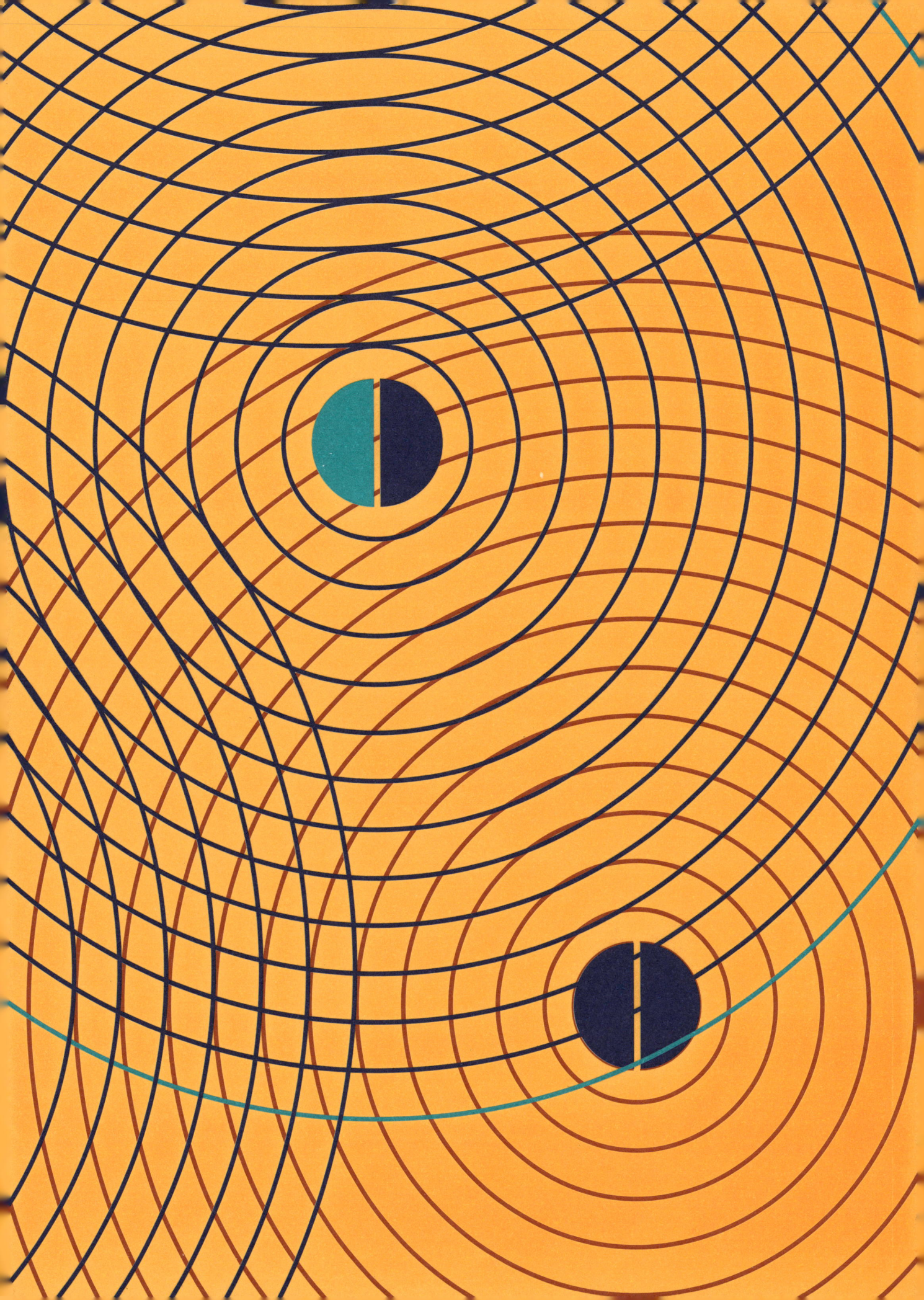

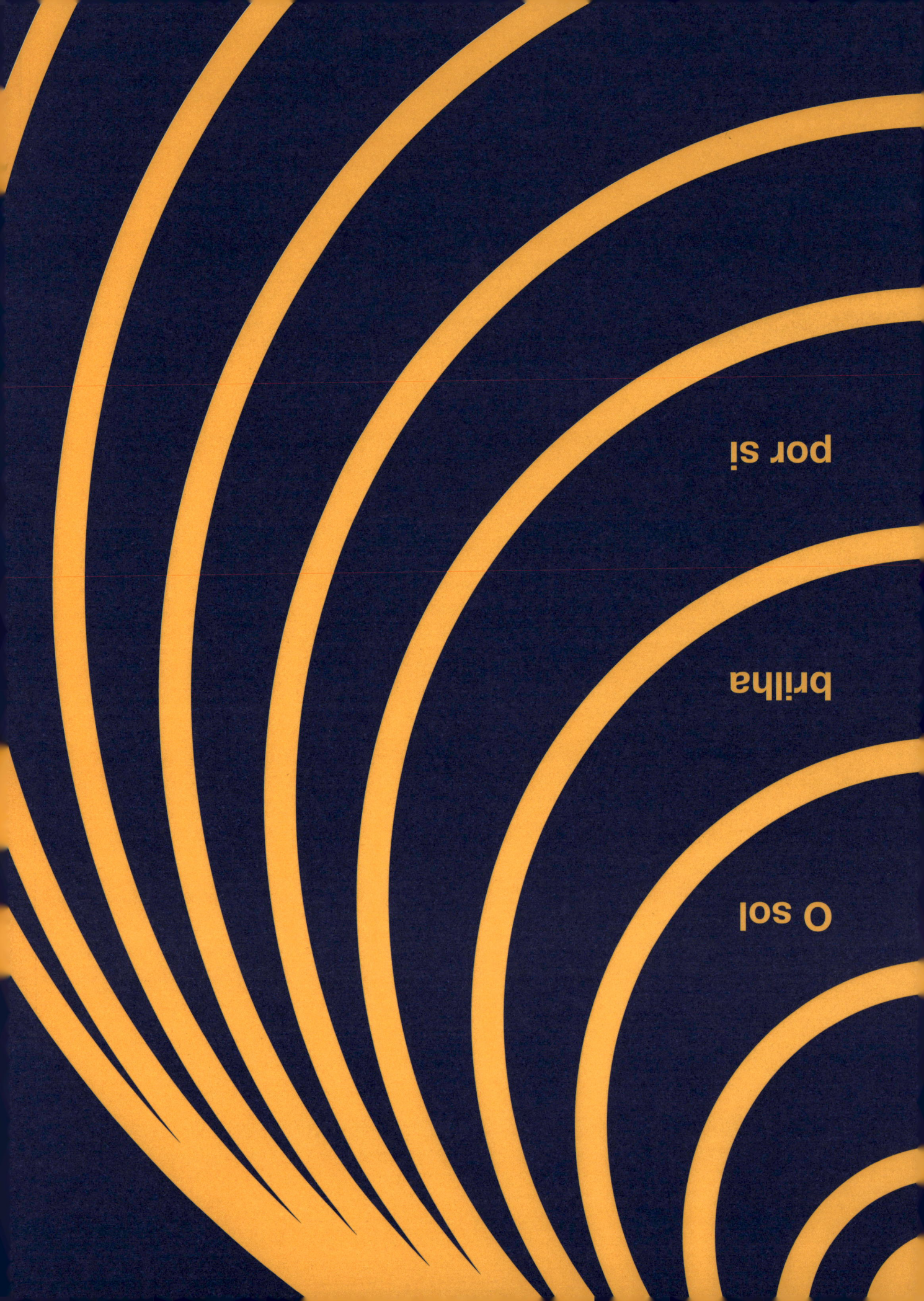

Ira de tubarão

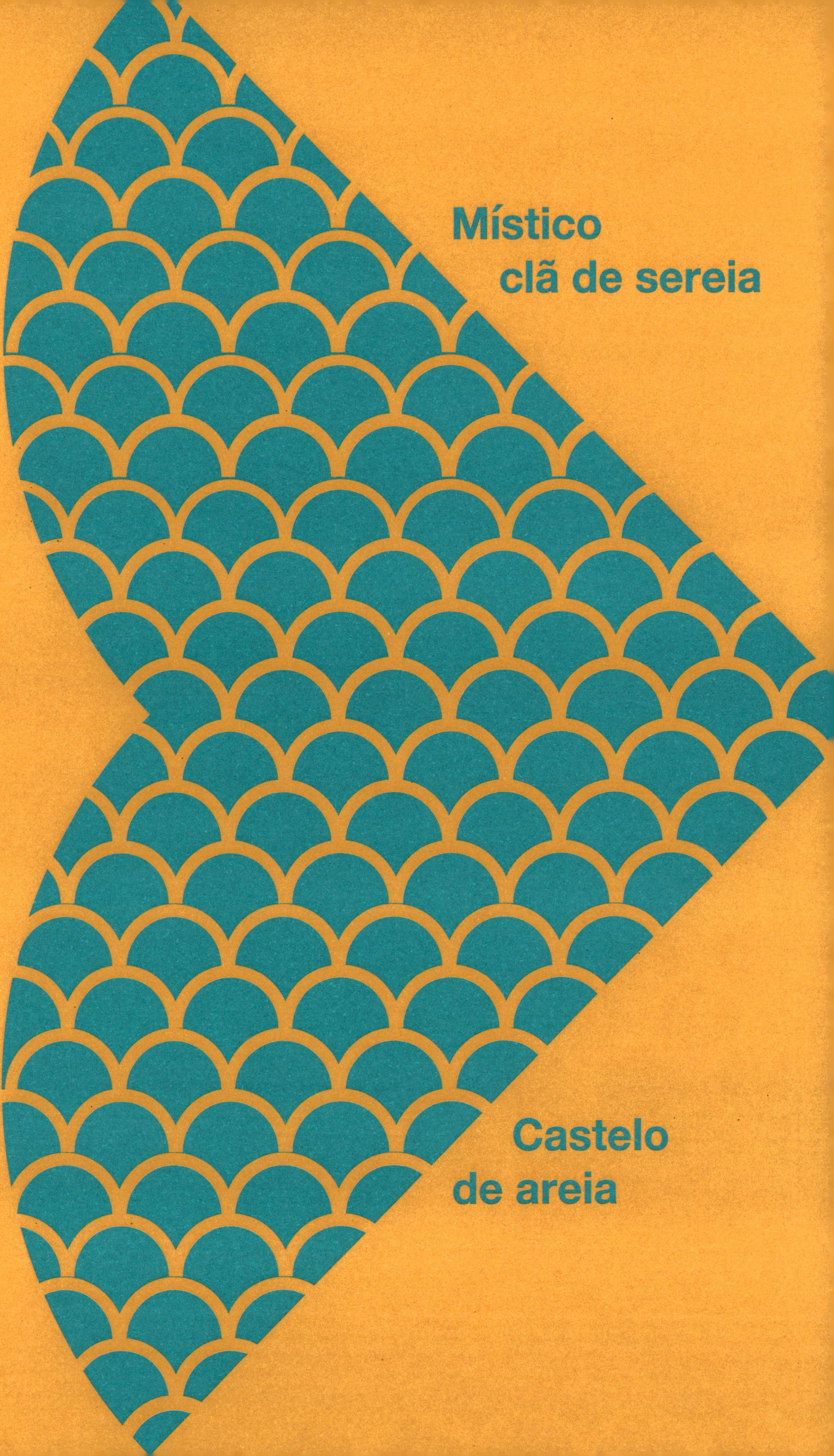

**Místico
clã de sereia**

**Castelo
de areia**

Puro afã

A paixão

Sangrando toda palavra sã

Coração

Som de assombração

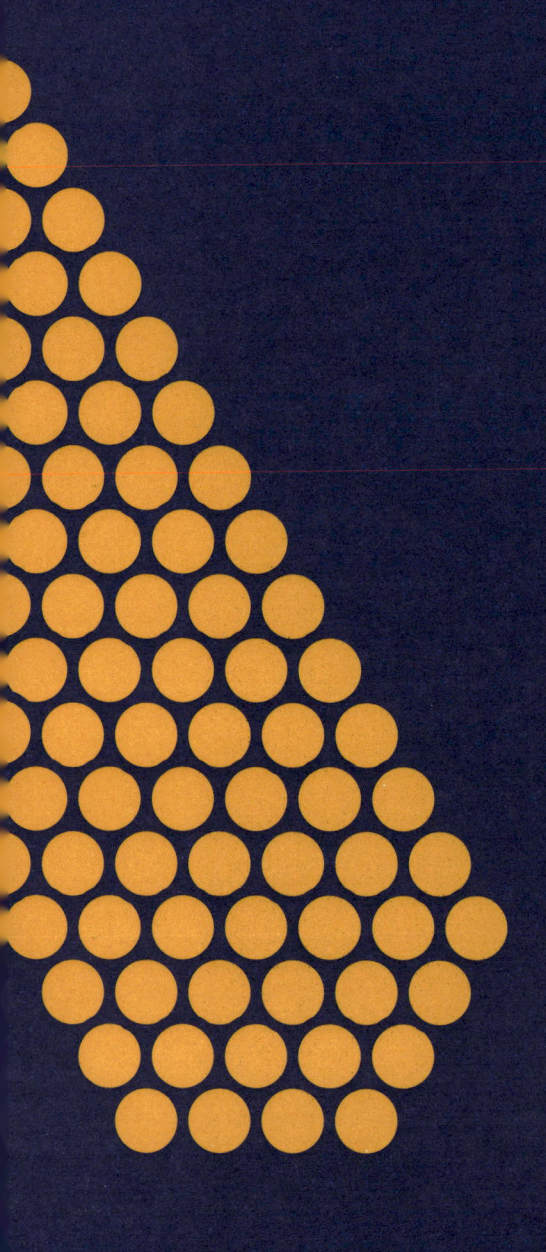

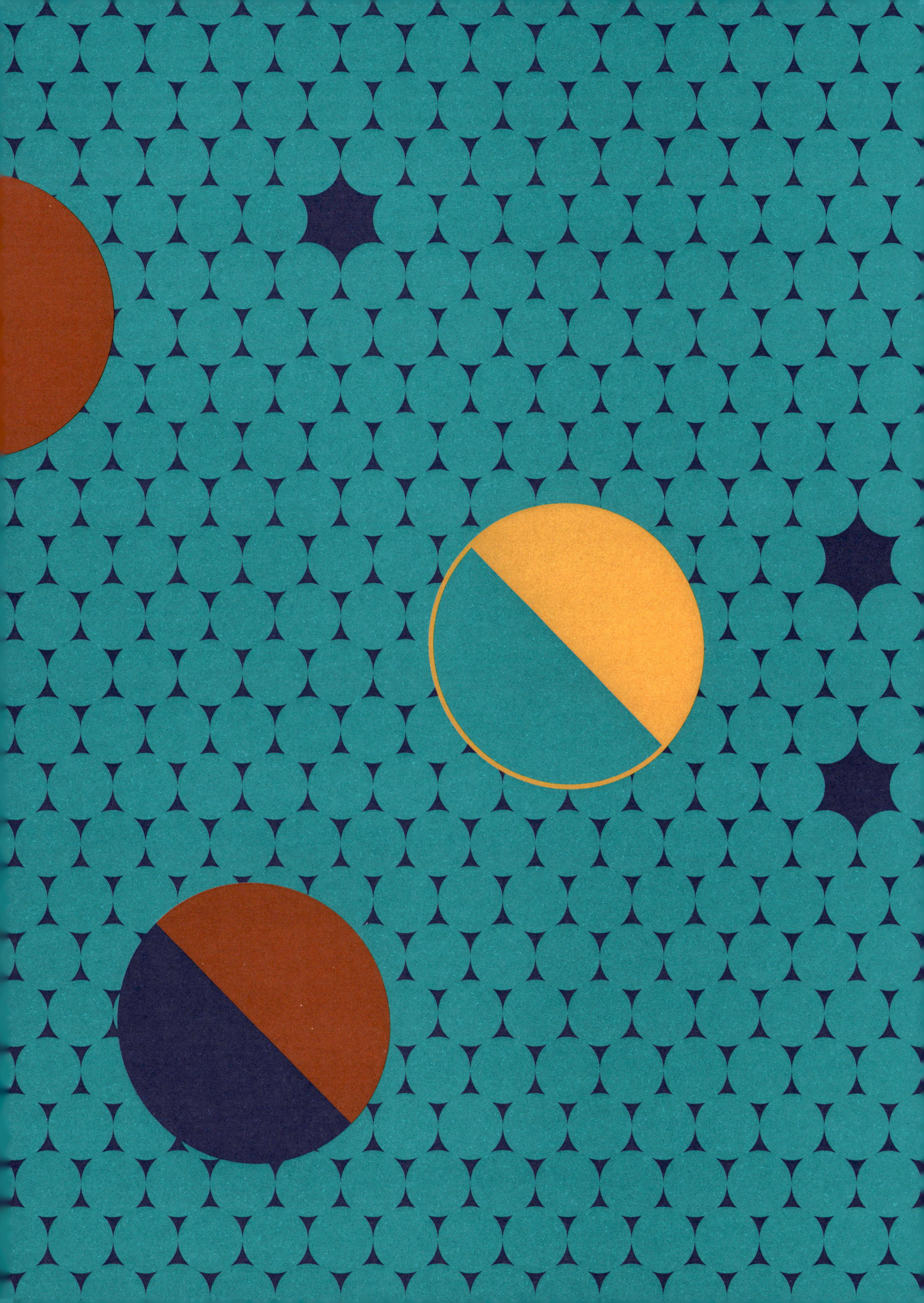

Poeira tomando assento a jade a Revent ade o

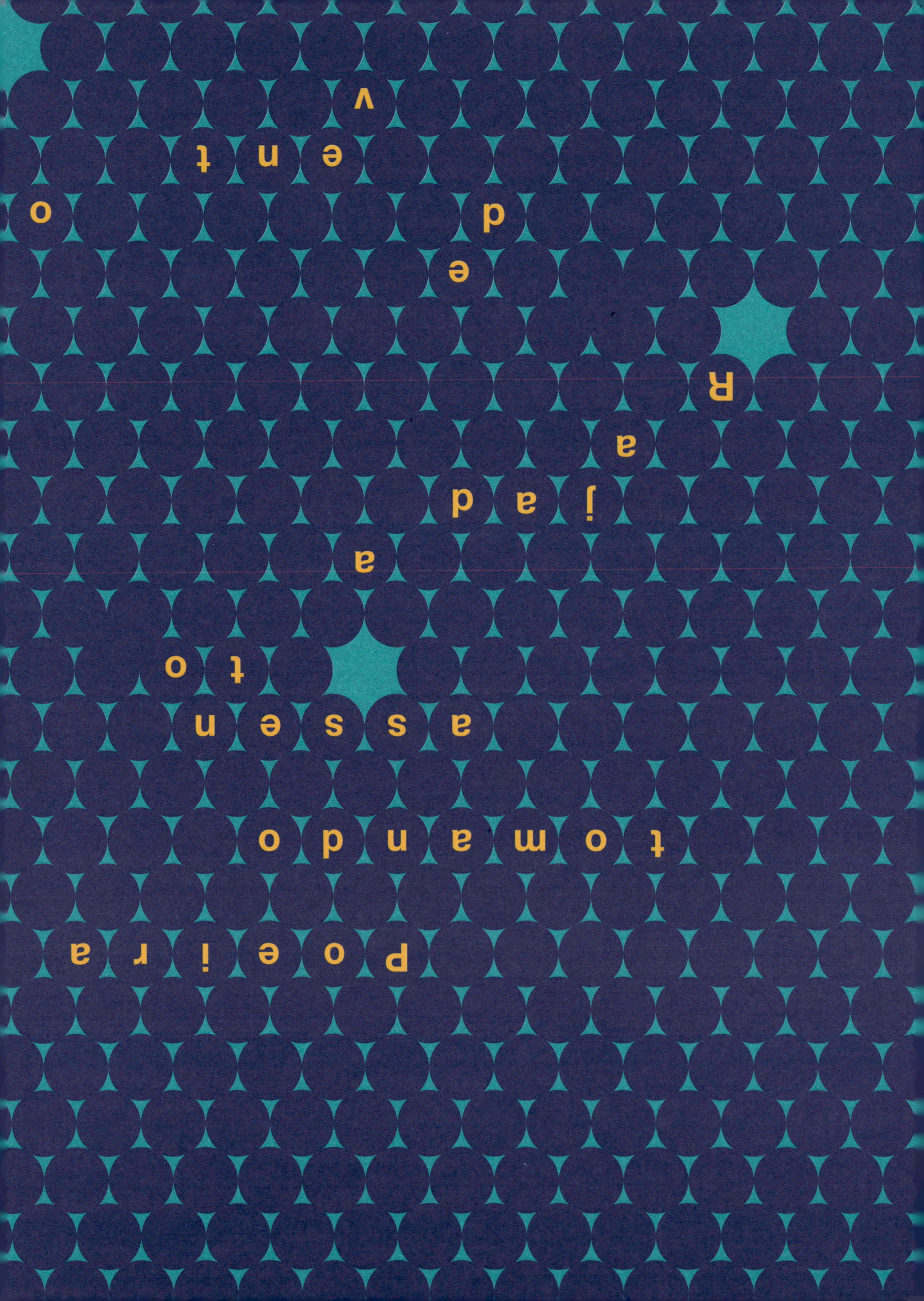

Solidão de manhã

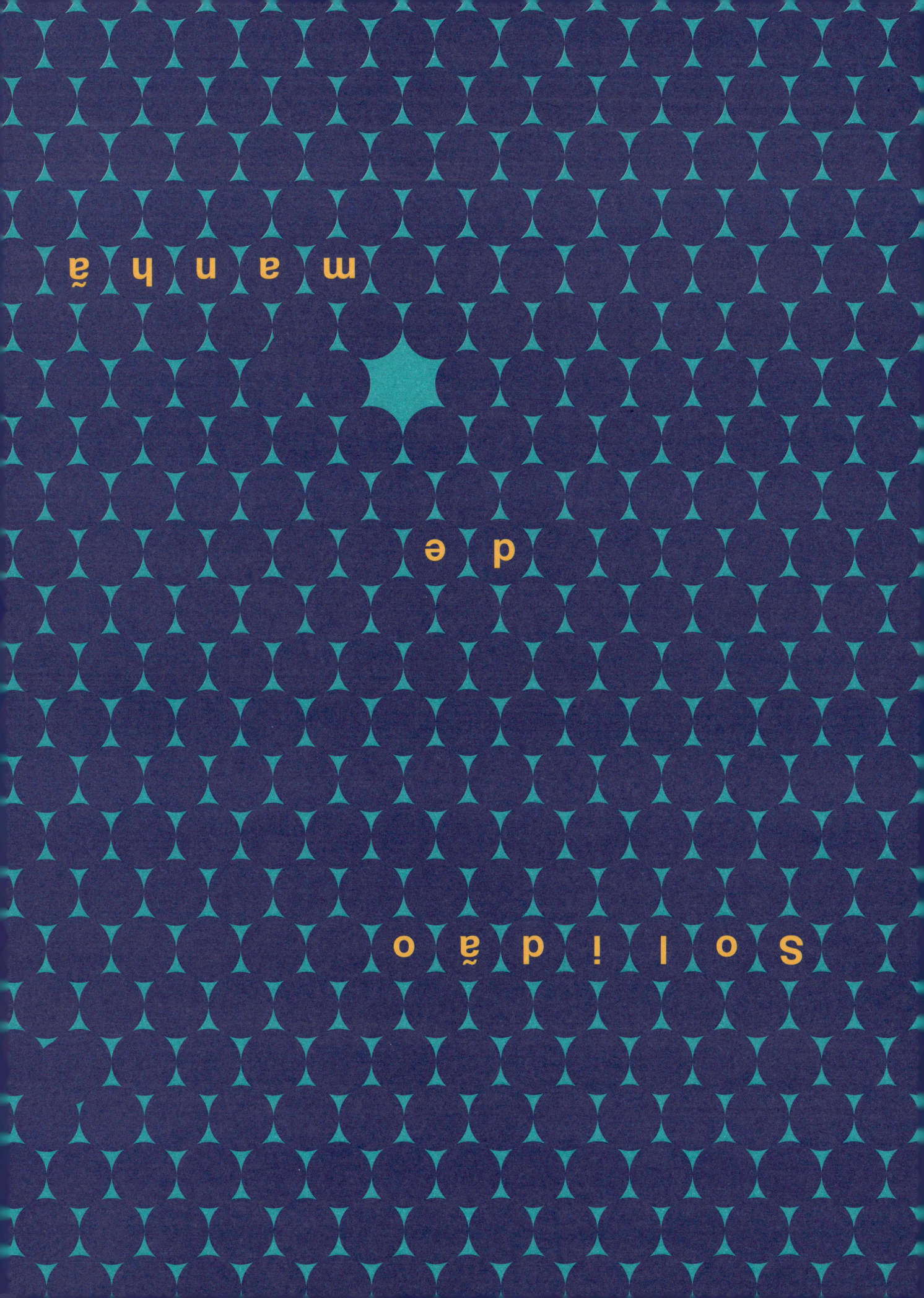

Guilherme Gonçalo Flores

da manhã quase calma atingida por sentimentos que parecem o prenúncio de uma tempestade é também amarrado por sons variados e intricados de vogais nasais em "ã", "ão", "en" e "om", e também pelos sopros sibilinos do "s", sublinhados.

A segunda estrofe aprofunda as relações de som e sentido. Agora, a manhã cede lugar para "A paixão / Puro afã", seguindo o tensionamento anunciado no fim da primeira estrofe. Mas esse sentimento também não será representado por clichês. Antes, tudo se inverte em imagens inesperadas, amarradas por outra cadeia sonora: "Místico clã de sereia". Castelo de areia / Ira de tubarão". Difícil precisar o que seria exatamente um "Místico clã de sereia", ou como a "Ira de tubarão" se vincula com a paixão. No entanto, o jogo entre som, imagem e forma da melodia vai fazendo crescer o sentimento de desconforto que contraria a solidão matinal, o que se dá inclusive pela nova série sonora centrada no "r", de sereia/areia/ira, e pela retomada das nasais em "tubarão". Tudo isso nos entrega o desfecho: "Ilusão", a angústia não tem valor objetivo e inequívoco.

Então algo pode emergir do canto, recusando todos os sons anteriores, um antídoto para a ilusão angustiada: "O sol brilha por si". Temos aqui a luz de SOL e SI, duas notas musicais em relação de terça maior, e o brilho que tanto se espera. E chegada a hora do refrão.

A ignorância generalizada neste país, paradoxalmente tão rico de cultura, já levou muita gente a fazer piada com o refrão de "Açaí", tomando-o como *nonsense*. O próprio Djavan explicou em entrevistas que não há nenhuma falta de sentido nesses versos, e aqui insisto. "Açaí" é uma das plantas fundamentais na alimentação e no sustento de várias populações no norte do país, por isso se apresenta como "Guardiã" imediatamente associada ao brilho do sol. Em seguida, se escuta um "Zum de besouro", som que atiça a mente como "Um imã", e, por fim, a regressão à "Branca é a tez da manhã", referência às névoas causadas pela umidade.

Longe de ser um contrassenso, o refrão de "Açaí" é uma peça concentrada de sentido e vida: merecia antes ser lido como uma espécie genial de haicai nortista. Novamente, o som amarra tudo entre as vogais "a", "i", "ã" e "um". Assim, podemos voltar às primeiras linhas da canção: "Solidão / De manhã".

Essa ordem cíclica está precisamente compreendida nas ilustrações de Daniel Kondo, que multiplicam o fruto vital do açaí, com suas cores e geometrias retalhadas, que por sua vez conseguem se desdobrar em lábios, escamas, barbatanas, sóis, ondas etc. Assim, do gesto pequeno de um círculo, o todo emerge e prolifera em simetrias, feito uma pedra lançada nas águas calmas de um lago.

Letras e desenho: um movimento complexo se fez entre pausa, angústia, reflexão e retorno. O sustento da cultura e da natureza dá uma fartura que ressignifica a existência humana num mundo interior de silêncio e fúria. O oposto disso tudo seria encontrar a secura no mundo fora de si, como em "Seca".

Em 1982, o cantor e compositor Djavan, então com 33 anos, lançava o seu quinto álbum de estúdio, Luz, uma peça repleta de pérolas. Algumas composições são ainda conhecidíssimas, como "Samurai", "Sina" ou "Pétala"; outras, apesar de hoje menos famosas, não devem nada às demais em força e beleza, como é o caso de "Luz", "Nobreza", "Capim" e "Banho de rio". Pode-se dizer que Luz figura entre os melhores álbuns de Djavan; mas, talvez, até mais que isso: é nesse disco que ele termina de depurar sua voz como cantor e como compositor. E nele também que nos apresenta "Açaí".

Vejamos primeiro a letra completa:

Solidão
De manhã
Poeira tomando assento
Rajada de vento
Som de assombração
Coração
Sangrando toda palavra sã

A paixão
Puro afã
Místico clã de sereia
Castelo de areia
Ira de tubarão
Ilusão
O sol brilha por si

Açaí
Guardiã
Zum de besouro
Um imã
Branca é a tez da manhã

Em uma primeira leitura, com a melodia na cabeça, já identificamos duas estrofes que se repetem melodicamente e nos conduzem ao refrão. A primeira dá o tom e o tempo da canção: "Solidão de manhã" traz o espírito reflexivo, o mote da paisagem interior que se desenhará nos próximos versos, sem que possamos depreender plenamente aonde vamos. Assim é o movimento das letras de Djavan, uma série de traços que, em vez de pintar um desenvolvimento linear e objetivo, busca sobretudo atingir o ouvinte com efeitos afetivos de imagem e som. A primeira estrofe nos dá essas pinceladas: algo aparentemente estático, com a "Poeira tomando assento", é revirado por "Rajada de vento" e "Som de assombração". Como resultado, emerge a angústia: um "Coração sangrando toda palavra sã". Repare como o contexto

açaí
djavan + daniel kondo
coleção letrailustre • 2

e *Nós, a gente* (WMF Martins Fontes, 2023). Com o livro *Tchibum!* (Cosac Naify, 2009), lado a lado com o campeão olímpico Gustavo Borges, foi premiado na Feira do Livro Infantil e Juvenil de Bolonha (menção honrosa na categoria New Horizons). Em 2022, recebeu o prêmio Jabuti de melhor livro infantil pelo livro *Sonhozzz* (Salamandra, 2021), com Silvana Tavano. Com o livro *El rojo orgulloso*, escrito por Alejandra González (Ed. Morisqueta, 2023), conquistou o prêmio The Braw Amazing Bookshelf, na categoria Opera Prima, da Feira do Livro Infantil e Juvenil de Bolonha, em 2023.

Gaúcho de Passo Fundo (1971), Daniel Kondo viveu muitos anos em São Paulo, onde desenvolveu boa parte de sua carreira profissional na publicidade, migrando gradualmente para o design editorial e para a ilustração. É conhecido por projetos inusitados em universos de múltiplas linguagens, especialmente na música, em parcerias com Lulu Santos, no livro *Lulu traço e verso* (Pancho Sonido, 2020), com Fernanda Takai, no livro *Quando Curupira encontra kappa* (WMF Martins Fontes, 2023), e com Gilberto Gil, nos livros *Andar com fé* (coleção Letrailustre, WMF Martins Fontes, 2023)

wmf **martinsfontes**

Djavan Caetano Viana
(1949) nasceu na periferia
de Maceió (Alagoas). Sua mãe, Virginia,
foi quem lhe deu as primeiras lições de música,
enquanto entoava canções fazendo arranjos vocais ao
lavar roupa na beira do rio. Ela foi a primeira a perceber
o talento do filho para a música. Contudo, antes da carreira
musical, Djavan por pouco não se tornou jogador de futebol
profissional. O menino era muito bom de bola, mas a música sempre
falou mais alto a seus ouvidos. Aprendeu a tocar violão sozinho e,
aos 18 anos, já animava bailes da cidade. Não demorou a começar
a compor suas próprias canções. Aos 23, mudou-se para o Rio
de Janeiro para tentar a sorte no mercado musical. Depois de
um início difícil, passou a cantar trilhas sonoras de novelas,
quando gravou músicas de compositores consagrados, como
Dori Caymmi, Toquinho e Vinicius de Moraes. Nos anos
1970, lançou seu primeiro álbum, *A voz, o violão, a
música de Djavan* (1976), um disco que o inseriu
definitivamente na história da música
brasileira.

A década seguinte ficou
marcada pelas primeiras parcerias na
MPB, com nomes como Aldir Blanc, Cacaso
e Chico Buarque. Já reconhecido pelo público e pela
crítica, teve canções gravadas por Nana Caymmi, Maria
Bethânia, Roberto Carlos, Gal Costa e Caetano Veloso. A essa
altura, Djavan já era um cantor, compositor e músico de sucesso,
realizando o sonho antigo de sua mãe. Saindo em turnês pelo Brasil
e pelo exterior, viu "Flor-de-lis" estourar no mercado americano,
na voz de Carmen McRae. Logo tornou-se um dos compositores
brasileiros mais gravados no mundo. Com *Novena* (1994), alcançou total
autonomia artística: o disco foi inteiramente composto, produzido
e arranjado por ele. Seu CD duplo *Ao vivo* (1999) chegou a vender
dois milhões de cópias. Em 2015, recebeu o Grammy Latino pelo
conjunto de sua obra. Explorador das imagens inusitadas,
da variedade rítmica, das brincadeiras com andamentos,
melodias fora dos padrões e riqueza harmônica,
Djavan é um artista raro.

por Hugo Sukman

açaí